OBJETS D'ART

ET

D'AMEUBLEMENT

TABLEAUX, BIBLIOTHÈQUE

Appartenant à M. E. B...

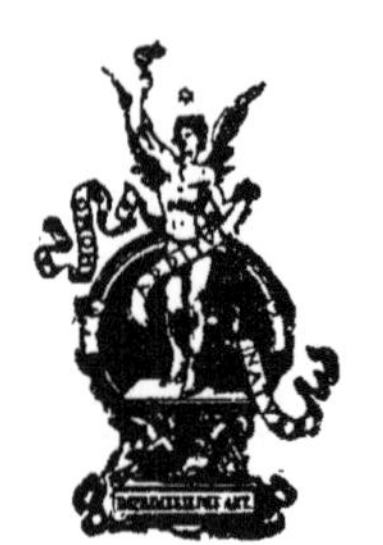

CATALOGUE

DES

OBJETS D'ART

ET D'AMEUBLEMENT

FAIENCES ET PORCELAINES

OBJETS VARIÉS — ARMES

MEUBLES, TAPISSERIE

Tableaux Anciens et Modernes

AQUARELLES, DESSINS

GRAVURES

BIBLIOTHÈQUE

APPARTENANT A M. E. B***

ET DONT LA VENTE AURA LIEU

HOTEL DROUOT, SALLE Nᵒ 6

LE VENDREDI 23 DÉCEMBRE 1904

à deux heures

COMMISSAIRE-PRISEUR

Mᵉ **Paul CHEVALLIER**, 10, rue Grange-Batelière

EXPERTS

Pour les Livres :	*Pour les Tableaux :*	*Pour les Objets d'art*
M. E. JEAN-FONTAINE	**M. JULES FÉRAL**	**MM. MANNHEIM**
50, boulevard Haussmann	54, faubourg Montmartre	7, rue Saint-Georges

EXPOSITION PUBLIQUE

Le Jeudi 22 Décembre 1904, de 1 h. 1/2 à 5 h. 1/2

CONDITIONS DE LA VENTE

Elle sera faite au comptant.

Les acquéreurs payeront *dix pour cent* en sus
des prix d'adjudication.

Paris — Imp. de l'Art, E. Moreau et Cⁱᵉ, 41, r. de la Victoire

DÉSIGNATION

LIVRES

1 — **Aulnoy** (Mme M. C. D). Relations du voyage d'Espagne. *Paris, Cl. Barbin*, 1699. 3 vol., in-12, veau.

2 — **Aumale** (Le duc d'). Histoire des princes de Condé, pendant les xvie et xviie siècles. *Paris, Levy*, 1885. 8 vol., in-8º, portr., demi-rel., mar. rouge, dos et coins, têtes dor., non rognés.

Les tomes VI, VII, VIII et l'atlas sont brochés.

3 — **Aumale** (Le duc d'). Notes et documents relatifs à Jean, roi de France, et à sa captivité en Angleterre. *Londres*, 1855. — Informations contre Isabelle de Limeuil. (Mai, août 1864.) *S. l. n. d. (London)*. — Lettre sur l'histoire de France. *Paris*, 1861. — Visite

du Fine Arts Club à Orléanshouse, Twic-
kenham, le 21 mai 1862. — Alesia, étude sur
la septième campagne de César en Gaule.
Paris, 1858. — Ens. 5 vol., in-8º, demi-rel.,
mar. bleu, dos et coins, têtes dor., non
rognés.

    1 volume broché.

4 — **Barbier** (Journal de). Chronique de la
régence et du règne de Louis XV (1718-1763).
Paris, Charpentier, 1857. 8 vol., in-12,
demi-rel., mar. bleu., tr. jasp.

5 — **Bocher** (Emm.). Les gravures françaises
du xviiie siècle. *Paris, Rapilly*, 1876. 5 vol.,
gr. in-8º, br.

    Baudouin, Chardin, Lancret, Lavreince, Saint-
Aubin.

6 — **Bossuet**, évêque de Meaux. Œuvres revues
sur les manuscrits originaux et les éditions
les plus correctes. *Versailles, Lebel*, 1815.
47 vol., in-8º, veau quadr. fil.

    Exemplaire sur grand papier vélin.

7 — **Bossuet** (Jacques Benigne). Oraison funèbre de Marie-Thérèse d'Autriche, infante
d'Espagne, reine de France et de Navarre.

Paris, S.-M. Cramoisy, 1682. — Oraison funèbre de très-haute et très-puissante princesse Anne de Gonzague de Cleves, princesse palatine. *Paris, S.-M. Cramoisy,* 1685. — Oraison funèbre de très-haut et puissant seigueur messire Michel Le Tellier, chevalier, chancelier de France. *Paris, S.-M. Cramoisy,* 1686. — Oraison funèbre de très-haut et très-puissant prince, Louis de Bourbon, prince de Condé, premier prince du sang. *Paris, S.-M. Cramoisy,* 1687. — Fléchier. Oraison funèbre de très-haut et puissant seigneur messire Michel Le Tellier, chevalier, chancelier de France. *Paris, S.-M. Cramoisy,* 1686. — Bourdaloue. Oraison funèbre de très-haut et très-puissant prince Louis de Bourbon, prince de Condé, premier prince du sang. *Paris, E. Michallet,* 1687. Ens. 6 pièces en 1 vol., in-4°, veau fauve, fil. tr. dor. (*Niédrée*).

Editions originales.

8 — **Bossuet** (Jacques Benigne). Premier (second et troisième) avertissement aux protestans sur les lettres du ministre Jurieu contre l'histoire des variations. *Paris, S.-M. Cra-*

moisy, 1689. 3 pièces en 1 vol., in-4°, veau fauve, fil. tr. dor. (*Trautz-Bauzonnet*).

Avec un envoi de Victor Cousin.

9 — **Bossuet** (Jacques Benigne). Sermon presché à l'ouverture de l'assemblée générale du Clergé de France. *Paris, Fréd. Léonard*, 1682. In-4°, veau fauve, fil., dos orné, tr. dor. (*Trautz-Bauzonnet*).

Edition originale, exemplaire sur grand papier, avec un envoi de Victor Cousin.

10 — **Bossuet** (Jacques Benigne). Traitez du libre-arbitre et de la concupiscence. *Paris, Barth. Alix.*, 1731. In-12, mar. vert, fil à froid, dent. inter., tr. dor. (*Trautz-Bauzonnet*).

Edition originale, avec un envoi de Victor Cousin.

11 — **Broglie** (Albert de). L'Eglise et l'Empire romain au IVᵉ siècle. *Paris, Didier*, 1859. 6 vol. — Questions de religion et d'histoire. *Paris, Lévy*, 1860. 2 vol. — Le Secret du roi, correspondance secrète de Louis XV, avec ses agents diplomatiques. *Paris, Lévy*, 1878. 2 vol. Ens., 10 vol., in-8°, demi-rel.

12 — **Chantilly**. Cabinet des singes. Suite de 22 photographies, représentant les panneaux en bois sculpté de cette pièce. In-4° en cart.
Tirage à dix exemplaires.

13 — **Charron** (Pierre). De la Sagesse, trois livres, *Leyde, Jean Elzévier*, 1656. Petit in-12, front. gr., mar. rouge, fil à froid, dent. intér., tr. dor. (*Koehler*).

14 — **Correspondance** entre le comte de Mirabeau et le comte de La Marck, pendant les années 1789, 1790 et 1791. *Paris, Le Normant*, 1851. 3 vol., in-8°, demi-rel., chag. vert.

15 — **Cousin** (Victor). Madame de Longueville, 2 vol. — Madame de Sablé. — Madame de Chevreuse. — Madame de Hautefort. — Jacqueline Pascal. — Etudes sur Pascal. — La Société française au XVIIe siècle, 2 vol. *Paris, Didier*, 1856. — Ens., 9 vol. in-8°, demi-rel., mar. brun., dos et coins, tr. jasp.

16 — **Desormeaux**. Histoire de la maison de Bourbon. *Paris, Imp. Royale*, 1772-1788. 5 vol., in-4°, fig. veau, mar. fil.

17 — **Doubdan** (X.). Mélanges et lettres. *Paris, Lévy*, 1874, 4 vol. — Pensées, essais et maximes. *Paris, Lévy*, 1880. Ens., 5 vol., in-8°, demi-rel., chag. brun.

18 — **Galerie du Palais-Royal**, gravée d'après les tableaux des différentes écoles qui la composent, publiée par Couché. *Paris*, 1786. In-fol., fig. rel.

> Titre gravé en dédicace et 148 planches.

19 — **Histoire de la Mère et du Fils**, c'est-à-dire de Marie de Médicis et de Louis XIII, depuis 1616 jusqu'en 1619 (par Eudes de Mezeray). *Amsterdam*, 1731. In-4°, veau fauve fil.

> Exemplaire aux armes de Madame de Pompadour.

20 — **Haussonville** (Le comte d'). Histoire de la réunion de la Lorraine à la France. *Paris, Lévy*, 1854. 4 vol., in-8°, demi-rel., mar. rouge, dos et coins, têtes dor., non rognés.

> Exemplaire sur papier de Hollande.

21 — **Haussonville** (Le comte d'). L'Eglise romaine et le premier Empire, 1800-1814, avec notes, correspondances diplomatiques et piè-

ces justificatives. *Paris, Lévy*, 1868, 5 vol.
in-8°, demi-rel., mar. rouge, dos et coins,
têtes dor. non rognés.

Exemplaire sur papier de Hollande.

22 — **Laborde** (Comte de). Le palais Mazarin et
les grandes habitations de ville et de campagne au xviie siècle. *Paris, Franck*, 1846.
Gr. in-8°, fig., demi-rel., mar. rouge, dos et
coins, tr. jasp.

23 — **La Fayette**. La princesse de Clèves. *Paris,
P. Didot*, 1780. 2 tomes en 1 vol., in-8°, mar.
rouge, fil. dos orné, tr. dor (*Rel. anc.*).

De la collection du comte d'Artois.

24 — **Lassus** (J.-B.-A.). Album de Villard de
Honnecourt, architecte du xiiie siècle, ma-
nuscrit publié en fac-simile. *Paris, Imp. Im-
périale*, 1858. In-4°, fig. demi-rel., mar. brun,
dos et coins, tr. jasp.

25 — **Le Vaillant** (François). Voyage dans l'in-
térieur de l'Afrique par le Cap de Bonne-
Espérance, dans les années 1780-1785. *Paris,
Leroy*, 1790. 2 vol., in-8°, mar. rouge, fil., tr.
dor. (*Rel. anc.*).

26 — **Maillot**. Recherches sur les costumes, les mœurs, les usages religieux, civils et militaires des anciens peuples. *Paris, P. Didot,* 1809. 3 vol., in-4°, fig., demi-rel., mar. vert, dos et coins, tr. jasp.

27 — **Mougin** (Edme). Œuvres contenant ses sermons, ses panégyriques. *Paris,* 1745. In-4°, mar. vert, larges dent., dos orné, doublé de tabis, tr. dor.

> Exemplaire réglé.
> Aux armes du Dauphin, fils de Louis XV.

28 — **Mortimer-Ternaux**. Histoire de la Terreur, 1792-1794. *Paris, Lévy,* 1862. 5 vol., in-8°, demi-rel., chag. rouge.

29 — **Montpensier** (Antoine-Philippe d'Orléans, duc de). Mémoires. *Paris, Imp. Royale,* 1837. In-4°, portr. mar. rouge, larges dent., doublé de tabis, tr. dor.

> Aux chiffres du roi Louis-Philippe.

30 — **Noailles** (La vicomtesse de). Vie de la princesse Poix, née Beauvau. *Paris,* 1855. — Notice sur madame la vicomtesse de Noailles. *Paris,* 1855. Ens. 2 vol., in-8°, demi-rel., mar. rouge, dos et coins, têtes dor., non rognés.

31 — **Orléans** (Duc d'). Lettres 1825-1842. *Paris, Lévy*, 1889. — Récits de campagnes, 1833-1841. *Paris, Lévy*, 1890. — Campagnes de l'armée d'Afrique, 1835-1839. *Paris, Lévy*, 1870. — Damas et le Liban, extraits d'un voyage en Syrie, au printemps de 1860. Londres, 1861. Ens. 4 vol., in-8°, portr., demi-rel., mar., dos et coins, tête dor., non rognés.

32 — **Ourika** (par Madame la duchesse de Duras). *S. l. n. d.* In-12°, mar. vert, jans., dent. inter., tr. dor. (*Trautz-Bauzonnet*).
  Edition originale.

33 — **Perrault**. Histoires ou contes du tems passé, avec des moralités. *La Haye*, 1742. In-12°, front., gr. vignettes, veau fauve.

34 — **Platon**. Œuvres complètes, traduites par Victor Cousin. *Paris, Bossange*, 1822. 13 tomes, en 12 vol., in-8°, demi-rel., mar. brun, dos et coins, tr. jasp.

35 — **Plutarque**. Les Vies des hommes illustres, traduites du grec, par J. Amyot. *Paris, Dupont*, 1826. 12 vol., in-8°, demi-rel., mar. rouge, dos et coins, tr. jasp.

36 — **Provinciales** (Les) ou lettres escrites par Louis de Montalte (Blaise Pascal) a un provincial de ses amis et aux RR. PP. jésuites (*Cologne Pierre de la Vallée*), (*Hollande Elzevier*), 1657. Pet. in-12°, mar. rouge, fil. à froid, dent. inter., tr. dor. (*Koehler*).

> Première édition.
> Avec un envoi de Victor Cousin.

37 — **Refranes** o proverbios castellanos, traduîzidos en lengua francesa, proverbes espagnols traduits en françois par César Oudin. *Paris, Ant. de Sommaville*, 1659. Pet. in-12, veau fauve, fil., tr. dor.

> Exemplaire de Viollet-le-Duc.

38 — **Rémusat** (Madame de). Mémoires 1802-1808. *Paris, Lévy*, 1880. 3 vol. — Lettres 1804-1814, *Paris, Lévy*, 1881. 2 vol. — Ens., 5 vol., in-8°, demi-rel., chag. rouge, non rognés.

39 — **Rémusat** (M. de). Correspondance pendant les premières années de la Restauration. *Paris, Lévy*, 1883. 6 vol., in-8°, demi-rel., chag. rouge, non rognés.

40 — **Ségur** (Général, comte de). Histoire et
mémoire. *Paris, Didot*, 1873, 7 vol. — Mélanges. Ens., 8 vol., in-8°, demi-rel., chag.
brun.

41 — **Sellière** (Le baron Frédéric). Documents
pour servir à l'histoire de la principauté de
Salm-en-Vosges et de la ville de Senones sa
capitale. *Paris*, 1898. In-4°, fig., br.

42 — **Staal** (Madame de). Mémoires écrits par
par elle-même. *Londres*, 1755. 4 tomes en
3 vol., in-12, veau fauve.

    Édition originale.

43 — **Thiers** (A.). Histoire de la Révolution
française. *Paris, Furne*, 1847. 10 vol. et
atlas. — Histoire du Consulat et de l'Empire.
Paris, Paulin, 1845. 20 vol. et atlas. Ens.
30 vol. et 2 atlas, veau bleu, fil., dos orné,
tr. dor.

    L'atlas du Consulat est en demi-rel.

44 — **Velly, Villaret et Garnier.** Histoire de
France depuis l'établissement de la monar-
chie. *Paris*, 1770-1789. 16 vol., in-4°, nomb.
portr., veau, mar., fil.

45 — **Voltaire**. Œuvres complètes. *Paris, De-
langle*, 1824-1832. 97 vol. in-8°, cart., non
rognés.

46 — Sous ce numéro, il sera vendu en lots en-
viron 1.000 volumes de bons livres que le
temps n'a pas permis de cataloguer.

TABLEAUX

ANCIENS ET MODERNES

AQUARELLES, DESSINS, GRAVURES

BREUGHEL (Jean)
BALEN (Van), KESSEL (Van)

47 — *L'Abondance.*

Figures allégoriques réunies dans un paysage et entourées de nombreux animaux.

Au premier plan, des armes sont abandonnées sur le sol.

Bois. Haut., 59 cent.; larg., 86 cent.

BELLIN (D'après Jean)

48 — *La Vierge portant l'Enfant Jésus.*

Aquarelle gouachée.
Cadre en bois sculpté.

CORRÈGE (École du)

49 — *Hébé.*

DELABERGUE

50 — *Marine.*

DYCK (D'après Van)

188 51 — *Portrait de Jeune Femme en veuve.*

Cadre en bois sculpté.

EVERDINGEN (J. Van)

52 — *Le Torrent.*

1000

Il coule entre les rochers, dans un site monta-
gneux. A gauche, un château s'élève sur une
éminence. A droite, un dessinateur est assis en-
touré d'un manteau rouge.

Beau et important tableau.

Toile. Haut., 1 m. 35 cent.; larg., 1 m. 65 cent.

GÉRICAULT

53 — *Étude de chevaux dans une écurie.*

ISABEY (Eugène)

100 54 — *Vue d'Orient.*

Étude sur carton.

ISABEY (Eugène)

55 — *Vue des bords de la Seine.*

Étude sur carton.

SOLARIO (Attribué à ANDREA)

56 — *La Sainte Face.*

> En haut, à droite, le millésime 1512.
> Cadre en bois sculpté.

VELASQUEZ (D'après)

57 — *Portrait équestre du Prince Balthazar Carlos.*

ÉCOLE ITALIENNE

58 — *Deux Amours.*

ÉCOLE VÉNITIENNE

59 — *Vénus au repos.*

60 — Tableaux, études, dessins et aquarelles, d'après les maîtres anciens.

61 — Plusieurs cartons de dessins, gravures et photographies.

FAIENCES ET PORCELAINES

62 — Vase étrusque en terre vernissée, à décor de figures.

63 — Autre analogue.

64 — Coupe ajourée, avec couvercle, en ancienne faïence blanche de Wedgwood.

65 — Soupière en ancienne faïence de Moustiers.

66 — Coupe en ancienne faïence d'Urbino : la Justice. Encadrée.

67 — Deux potiches en ancienne porcelaine de Chine, famille verte, à décor de seènes familiales.

68 — Deux petits pots ovoïdes, branches fleuries. Ancienne porcelaine de Chine, famille verte.

69 — Vase en ancienne porcelaine de Chine, décor doré sur fond bleu-soufflé. Monture en bronze.

70 — Petit flacon, décor bleu. Ancienne porcelaine de Chine.

71 — Théière en ancienne porcelaine de Chine, décor de style européen.

72 — Petit vase avec anse et couvercle, fleurs. Ancienne porcelaine de Saxe.

73 — Petit arrosoir, fleurs. Même porcelaine.

74 — Pot à eau en ancienne porcelaine tendre de Sèvres, décor de fleurs.

75 — Bassin, même porcelaine, décor de fleurs.

76 — Deux cache-pots, même porcelaine, décor de fleurs.

77 — Deux vases, à décor de roseaux dorés sur fond noir, porcelaine du temps de Louis XVI, montés en candélabres en bronze doré.

78 — Petit tableau peint sur porcelaine : buste de Léda.

OBJETS VARIÉS.

79 — Fragment de mosaïque antique provenant de Carthage : animaux et rinceaux.

80 — Pendule-religieuse en marqueterie de cuivre et d'étain sur écaille. xviie siècle.

81 — Régulateur de *Lépine* en acajou.

82 — Miniature ovale : portrait de jeune femme, vêtue de blanc, de l'école d'*Isabey*. Cadre en bois sculpté.

83 — Statuette de Saint François en bronze à patine brune. Ancien travail italien.

84 — Deux lions en bois sculpté et pouvant se faire pendants. Travail italien.

85 — Coffret en bois et os. Travail italien.

86 — Bas-relief: la Vierge et l'Enfant Jésus. Terre cuite. Ecole florentine du xve siècle. Cadre en bois sculpté.

Hauteur du bas-relief: 90 cent.
Largeur du bas-relief : 50 cent.

87 — Boîte en cuivre émaillé, personnages en dorure et couleurs sur fond blanc. xviiie siècle.

88 — Coupe en albâtre oriental sur pied cylindrique, en marbre vert antique ; garnitures de bronzes dorés, pieds-griffes, base et frise de lauriers. Commencement du xixe siècle.

89 — Etendard en soie rouge.

90 à 95 — Lot d'armes variées.

96 — Brûle-parfums en ancien émail cloisonné de la Chine. Pied en bois sculpté.

97 — Petit écran de table chinois en bois et jade.

MEUBLES, TAPISSERIES

98 — Dressoir, décoré de quatre panneaux Renaissance, à figures de saints.

99 — Petit cabinet en bois, incrusté d'ivoire, à décor d'oiseaux. xviie siècle.

100 — Petite commode, à deux tiroirs, en laque
noire et or, à paysages de style chinois. Garnitures de bronzes. Dessus de marbre blanc.
Epoque Louis XV.

101 — Encoignure en acajou. Dessus de marbre.

102 — Petite étagère d'angle en marqueterie.

103 — Table tric-trac en acajou.

104 — Petite table en bois noir, garnie de
bronzes. Dessus de marbre rouge-griotte.

105 — Banquette en bois sculpté, à décor de pal-
mettes et rinceaux.

106 — Tapisserie flamande de la fin du XVIIe
siècle, présentant de jeunes femmes dispo-
sant des fleurs dans des vases. Fond de
paysages. Bordure à fleurs et feuilles.

Haut., 3 m. 90 cent.
Larg., 4 mètres.

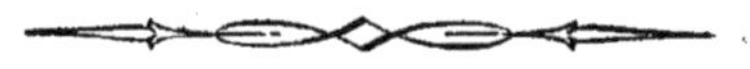